Ernst Hunsicker

Die Präventive Gewinnabschöpfung (PräGe) im Überblick

GRIN Verlag

Bibliografische Information der Deutschen Nationalbibliothek:

Die Deutsche Bibliothek verzeichnet diese Publikation in der Deutschen National-
bibliografie; detaillierte bibliografische Daten sind im Internet über http://dnb.d-
nb.de/ abrufbar.

Dieses Werk sowie alle darin enthaltenen einzelnen Beiträge und Abbildungen
sind urheberrechtlich geschützt. Jede Verwertung, die nicht ausdrücklich vom
Urheberrechtsschutz zugelassen ist, bedarf der vorherigen Zustimmung des Verla-
ges. Das gilt insbesondere für Vervielfältigungen, Bearbeitungen, Übersetzungen,
Mikroverfilmungen, Auswertungen durch Datenbanken und für die Einspeicherung
und Verarbeitung in elektronische Systeme. Alle Rechte, auch die des auszugsweisen
Nachdrucks, der fotomechanischen Wiedergabe (einschließlich Mikrokopie) sowie
der Auswertung durch Datenbanken oder ähnliche Einrichtungen, vorbehalten.

Impressum:

Copyright © 2014 GRIN Verlag GmbH
Druck und Bindung: Books on Demand GmbH, Norderstedt Germany
ISBN: 978-3-656-71333-3

Dieses Buch bei GRIN:

http://www.grin.com/de/e-book/278421/die-praeventive-gewinnabschoepfung-
praege-im-ueberblick

GRIN - Your knowledge has value

Der GRIN Verlag publiziert seit 1998 wissenschaftliche Arbeiten von Studenten, Hochschullehrern und anderen Akademikern als eBook und gedrucktes Buch. Die Verlagswebsite www.grin.com ist die ideale Plattform zur Veröffentlichung von Hausarbeiten, Abschlussarbeiten, wissenschaftlichen Aufsätzen, Dissertationen und Fachbüchern.

Besuchen Sie uns im Internet:

http://www.grin.com/

http://www.facebook.com/grincom

http://www.twitter.com/grin_com

Ernst Hunsicker

Die Präventive Gewinnabschöpfung (PräGe) im Überblick

Inhalt

1. Einleitung

1.1   Ursprung und Implementierung der Präventiven Gewinnabschöpfung (PräGe)

Seit 2002/2003 befasse ich mich als damaliger Leiter des Zentralen Kriminaldienstes (ZKD) bei der Polizeiinspektion Osnabrück-Stadt intensiv mit der Präventiven Gewinnabschöpfung (nachfolgend: **PräGe**).

Auf der Grundlage von zwei verwaltungsgerichtlichen Entscheidungen (VG Kalrsruhe, VG Berlin), die nachfolgend ausführlich dargelegt werden, wurde die PräGe in Absprache zwischen der Staatsanwaltschaft Osnabrück, der Stadtverwaltung Osnabrück und der Polizeiinspektion (Z) Osnabrück-Stadt systematisiert. Inzwischen ist die PräGe in den meisten Bundesländern mehr oder weniger angekommen (vgl. Ziff. 11. Statistiken).

1.2   Sinn und Zweck der PräGe

Die Präventive Gewinnabschöpfung (PräGe) dient der Abschöpfung offensichtlich deliktischer Gewinne mit präventiven Mitteln, um

1) Eigentumsansprüche Berechtigter – einschließlich der von Personen, die rechtmäßig die tatsächliche Gewalt innehaben – über das Strafermittlungsverfahren hinaus zu wahren („Eigentumsschutz", z.B. § 26 Nr. 2 Nds. SOG) und/oder
2) Sachen dem „kriminellen Kreislauf" zu entziehen („Abwehr einer gegenwärtigen Gefahr", z.B. § 26 Nr. 1 Nds. SOG).

Der Erlös der sichergestellten Sachen (Gegenstände) bzw. das unmittelbar sichergestellte Bargeld fallen an den Fiskus (je nach Zuständigkeit Bund, Länder, Kommunen), sofern nach Ablauf der gesetzlichen Fristen keine Eigentümer oder sonst Berechtigte festgestellt werden können und/oder die Sachen zur Abwehr einer gegenwärtigen Gefahr sichergestellt wurden. Die fiskalische Verwertung ist im Falle der Nicht-Herausgabe von sekundärer Bedeutung.

1.3   Publizierung der PräGe

Ab 2003 habe ich die PräGe in verschiedenen Fachschriften (Polizei, Recht) und in vier Monografien publiziert. Auf meiner Homepage [http://www.ernsthunsicker.de/, Menüpunkt: Präventive Gewinnabschöpfung (PräGe)] stelle ich diese Rechtsmaterie unter verschiedenen Aspekten vor, und zwar:

- Definition,
- Thematische Veröffentlichungen (Eigene, weitere Autoren),
- Thematische Diplomarbeiten,
- Hochschulveranstaltungen o.Ä. zur PräGe,
- Thematische verwaltungsgerichtliche Entscheidungen (Bargeld, Gegenstände, Bargeld und Gegenstände zugleich),
- Behandeln von Buchgeld,
- Gesetz zur Stärkung der Rückgewinnungshilfe und der Vermögensabschöpfung bei Straftaten,
- Niedersachsen: Kleine Anfrage,
- Niedersachsen: Rund-Erlass in Kraft,
- Rheinland-Pfalz: Kleine Anfrage,
- Medien.

1.4 PowerPoint-Präsentation

Zu dieser Thematik habe ich bundesweit Vorträge gehalten und dafür eine PowerPoint-Präsentation erarbeitet. Die PowerPoint-Präsentation ist Grundlage dieser Veröffentlichung.

Ernst Hunsicker   Bad Iburg, im August 2014

2. Überblick

Quelle: *Hunsicker*, PowerPoint-Präsentation

Hinweis: Die Nummerierung (1. bis 8.1) stimmt nur zum Teil mit dem Inhalt dieser Veröffentlichung überein!

3. Gerichtliche Entscheidungen (Urteile und Beschlüsse)

Grundlage der PräGe sind zwei verwaltungsgerichtliche Entscheidungen des VG Karlsruhe und des VG Berlin (1):

VG Karlsruhe Az. 9 K 2018/99 Urteil vom 10.05.2001	VG Berlin (1) Az. VG 1 A 173.98 Urteil vom 02.02.2000	VG Berlin (2) Az. VG 1 A 442.01 Beschluss vom 11.02.2004
Sicherstellung von 2 000 Gegenständen Von den 2 000 Gegenständen konnten nur 25 konkreten Straftaten zugeordnet werden (dafür vom AG verurteilt) **Entscheidung VG:** - große Anzahl gleicher Gegenstände - Gegenstände z.T. noch original verpackt, teils mit Sicherungs-/Preisetiketten versehen - kriminelle Karriere - keine Sammelwut - Umkehr der materiellen Beweislast - Zulassung der Berufung durch den VGH Baden-Württemberg abgelehnt - Urteil rechtskräftig	**Sicherstellung von 155 000 DM Bargeld** - Ermittlungsverfahren wegen Verdachts der Geldwäsche wurde eingestellt; StA verfügte die Freigabe des Geldes - Polizeipräsident Berlin verfügte erneute Sicherstellung des Geldes gem. § 38 Nr. 1 und Nr. 2 ASOG - dagegen Widerspruch **Entscheidung VG:** - Es besteht eine mit an Sicherheit grenzende Wahrscheinlichkeit … (Geld wird in Zigarettenhandel investiert, Schutz des Berechtigten vor Verlust des Geldes) - Zulassung der Berufung durch das OVG Berlin abgelehnt - Urteil rechtskräftig	**Sicherstellung von 298 000 DM Bargeld** - Ermittlungsverfahren wegen Verdachts der Geldwäsche wurde eingestellt; StA verfügte die Freigabe des Geldes **Entscheidung VG:** - Nach Überzeugung der Kammer kann es keinen vernünftigen Zweifel daran geben, dass der Kläger die Absicht hatte, das sichergestellte Bargeld zum Kauf von Drogen zu verwenden. **aber:** - „Verbrauch der gegenwärtigen Gefahr" - keine ausreichende gesetzliche Grundlage (Berlin: keine Einziehung im ASOG Bln) **folglich:** - keine Rechtsmittel

Die Leitsätze, Rechtsquellen/Fundstellen und Suchworte zu diesen verwaltungsgerichtlichen Entscheidungen (1. und ggf. 2. Instanz) folgen nach.

9 K 2018/99

VG Karlsruhe
Urteil vom 10.05.2001

Gefahrenabwehrrechtliche Sicherstellung von Gegenständen

Rechtsquellen/Fundstellen	Suchworte
PolG BW 32 I	Gegenstände
PolG BW 32 IV	Gefahr
PolG BW 60 III	Gefahrenabwehrrecht
VwGO 113 I	präventiv
BGB 1006	Sicherstellung
	Beweislastumkehr

Leitsätze (des Autors)

1. Sehr große Anzahl gleicher Gegenstände spricht gegen das Eigentum des Klägers.
2. Zahlreiche Gegenstände waren noch original verpackt und mit Etiketten oder sogar Sicherungsetiketten versehen.
3. Bisherige kriminelle Karriere des Klägers spricht gegen einen rechtmäßigen Erwerb.
4. Abnorme Sammelwut, wie vom Kläger behauptet, liegt nicht vor.
5. Dass eine strafrechtliche Verurteilung nur hinsichtlich 25 der ca. 2 500 (2 000?) sichergestellten Gegenstände erfolgen konnte und damit eine Beschlagnahme unter strafprozessualen Aspekten nicht mehr gerechtfertigt war, bedeutet nicht, dass hinsichtlich der übrigen Gegenstände zwingend von einem rechtmäßigen Erwerb des Klägers auszugehen ist.
6. Auch die Tatsache, dass die Eigentümer noch unbekannt sind, steht der Sicherstellung nicht entgegen.
7. Die an sich bei der Behörde liegende materielle Beweislast kehrt sich mit der Folge um, dass der von der Sicherstellung Betroffene den Nachweis des von ihm behaupteten Eigentums an den sichergestellten Gegenständen zu erbringen hat.
8. Die Sicherstellung ist verhältnismäßig; die Sicherstellungsverfügung hinreichend bestimmt.

Quelle: *Hunsicker*, Präventive Gewinnabschöpfung (PräGe) – Entscheidungssammlung in Volltexten und mit Leitsätzen - Sammelband, 2., überarbeitete & erweiterte Auflage, GRIN Verlag 2008, 226 Seiten, S. 13.

1 S 1710/01

VGH Baden-Württemberg

Beschluss vom 20.02.2002 (zu dem vorstehenden Urteil des VG Karlsruhe)

Gefahrenabwehrrechtliche Sicherstellung von Gegenständen

Rechtsquellen/Fundstellen	Suchworte
PolG BW 32 I	Berufungsverfahren
VwGO 124a I S. 1	Voraussetzungen
VwGO 124a I S. 4 a.F.	Beweisanzeichen
VwGO 124 II Nr. 3	materielle Beweislast
VwGO 154 II	„Wahrscheinlichkeitsbeweis"
GKG 13 I	„Anscheinsbeweis"
	„tatsächliche Vermutung"
	„Beweislastumkehr"
	Kostenentscheidung
	Streitwertfestsetzung

Leitsätze (des Autors)

1. Fristgerechter und auch sonst zulässiger Antrag auf Zulassung der Berufung hat keinen Erfolg.
2. Anforderungen an die grundsätzliche Bedeutung einer Sache liegen nicht vor.
3. Fülle der Beweisanzeichen sprechen gegen das Eigentum des Klägers.
4. Die an sich bei der Behörde liegende materielle Beweislast kehrt sich mit der Folge um, dass der Kläger seinerseits den Nachweis des von ihm behaupteten Eigentums an den sichergestellten Sachen zu erbringen hat (Beweislastumkehr).
5. Es kann dahingestellt bleiben, ob die Beurteilung des Verwaltungsgerichts Folge eines „Wahrscheinlichkeitsbeweises" ist oder der Sache nach eher auf der Anwendung der Regeln des „Anscheinsbeweises" oder einer „tatsächlichen Vermutung" beruht.

Quelle: *Hunsicker*, Präventive Gewinnabschöpfung (PräGe) – Entscheidungssammlung in Volltexten und mit Leitsätzen - Sammelband, 2., überarbeitete & erweiterte Auflage, GRIN Verlag 2008, 226 Seiten, S. 27.

VG 1 A 173.98
Verwaltungsgericht Berlin
Urteil vom 02.02.2000

Sicherstellung von 155 000,00 DM und Herausgabebegehren

Rechtsquellen/Fundstellen	Suchworte
ASOG 38 Nr. 1 und Nr. 2	Zigarettenhandel
ASOG 41 I S. 1	Geldwäsche
BGB 1006 I	Geldfreigabe
VwGO 113 I S. 1	Sicherstellung
VwGO 117 V	Gefahr
VwGO 154 I, 167 I	Berechtigte
ZPO 708 Nr. 11, 711	Schutz privater Rechte

Leitsätze (des Autors)

1. Anlässlich einer Verkehrskontrolle fanden Beamte des Polizeipräsidiums Berlin im Kofferraum eines Pkw eine Plastiktüte mit Bargeld im Gesamtwert von 155 000,00 DM.
2. Ermittlungsverfahren gegen den Kläger wegen Verdachts der Geldwäsche wurde eingestellt.
3. Staatsanwaltschaft verfügte die Freigabe des Geldes.
4. Daraufhin verfügte der Polizeipräsident Berlin die erneute Sicherstellung des Geldes gemäß § 38 Nr. 1 und Nr. 2 ASOG.
5. Hiergegen richtete sich der Widerspruch des Klägers.
6. Widerspruch wurde durch die Senatsverwaltung Berlin begründet zurückgewiesen.
7. Es besteht nämlich eine mit an Sicherheit grenzende Wahrscheinlichkeit, dass das Geld wieder in den illegalen Zigarettenhandel investiert wird; auch müssen Berechtigte vor Verlust des Geldes geschützt werden.
8. Klage ist unbegründet.
9. Gefahrenabwehrrechtliche (präventive) Sicherstellung war rechtmäßig und verletzt den Kläger zudem nicht in seinen Rechten.
10. Kläger hat folglich keinen Anspruch auf Herausgabe des Geldes.

Quelle: *Hunsicker*, Präventive Gewinnabschöpfung (PräGe) – Entscheidungssammlung in Volltexten und mit Leitsätzen - Sammelband, 2., überarbeitete & erweiterte Auflage, GRIN Verlag 2008, 226 Seiten, S. 71.

OVG 1 N 13.00

VG 1 A 173.98
OVG Berlin
Beschluss vom 16.09.2002 (zu dem vorstehenden Urteil des VG Berlin)

Sicherstellung von 155 000,00 DM und Herausgabebegehren
- Antrag auf Zulassung der Berufung wird abgelehnt -

Rechtsquellen/Fundstellen	Suchworte
VwGO 124 II Nr. 5, 3 und 1	Sicherstellungsanordnung
GVG 21 g II 2. Halbs.	Widerspruchsbescheid
GVG 21 g III	Gerichtsbesetzung
VwGO 6	Geschäftsverteilungsplan
VwGO 154 II	Verfahrensfehler
VwGO 152 I	Beweislastumkehr
StPO 94 I	Unschuldsvermutung
StPO 170 II	Gefahrenprognose
ASOG 38	Verpflichtungsklage
ASOG 41 I S. 1	Asylbewerberleistungsgesetz
BGB 1006 I	Geldzeichen
GKG 13 II, 14 I, III	Eigentumssicherung

Leitsätze (des Autors)

1. Kläger rügt die ordnungsgemäße Besetzung des Verwaltungsgerichts.
2. Einwände können nicht zur Zulassung der Berufung führen.
3. Gemäß § 21g Abs. 2 Halbsatz 1 GVG bestimmt der spruchkörperinterne Geschäftsverteilungsplan für die Dauer eines Geschäftsjahres, nach welchen Grundsätzen die Mitglieder an den Verfahren mitwirken.
4. Keine entscheidungserhebliche Frage, ob eine zunächst nach § 94 Abs. 1 StPO – repressiv – sichergestellte Sache nach staatsanwaltschaftlicher Verfahrenseinstellung und Freigabe danach erneut aus gefahrenabwehrrechtlichen Gründen – präventiv – sichergestellt werden kann.
5. Kein Verstoß gegen die Unschuldsvermutung durch „Umkehr der Beweislast".
6. Entscheidung ist unanfechtbar.

Quelle: *Hunsicker*, Präventive Gewinnabschöpfung (PräGe) – Entscheidungssammlung in Volltexten und mit Leitsätzen - Sammelband, 2., überarbeitete & erweiterte Auflage, GRIN Verlag 2008, 226 Seiten, S. 81.

VG 1 A 442.01
VG Berlin
Beschluss vom 11.02.2004

Gefahrenabwehrrechtliche Sicherstellung von 298 000,00 DM Bargeld[1]
- Besondere Anforderungen an die Gegenwärtigkeit einer Gefahr -

Rechtsquellen/Fundstellen	Suchworte
VwGO 161 II	Anfechtungsklage
VwGO 113 I S. 1	Niederlande
VwGO 158 II	Drogenkauf
ASOG 38 Nr. 1	Bargeld
ASOG 40 I Nr. 4	Gefahr
ASOG 40 II S.1	Gegenwärtigkeit
ASOG 1 III	Glaubhaftigkeit
StPO 94, 111 e	Reiseziel
StPO 170 II	Schmuggelfahrten
StGB 6 Nr. 5	Drogenmilieu
BGB 1006	Indizien
GKG 13 ff.	Herausgabeanspruch
	Verwertung
	Zinsverluste
	Enteignung

Leitsätze (des Autors)

1. Verfahren wird durch Beschluss der 1. Kammer des VG Berlin eingestellt. Kosten des Verfahrens werden dem Kläger zu 1/3 und dem Beklagten zu 2/3 auferlegt.
2. Beteiligte erklären übereinstimmend den Rechtsstreit in der Hauptsache für erledigt.

---

[1] Mit diesem Beschluss habe ich mich **kritisch** auseinandergesetzt, und zwar:
- *Hunsicker*, Präventive Gewinnabschöpfung (PräGe) in Theorie und Praxis – Sicherstellung, Verwahrung und Verwertung von Gegenständen und (Bar-)Geld aus Gründen der Gefahrenabwehr in Kooperation von Polizei, Staatsanwaltschaft und Kommune (Osnabrücker Modell), 3. überarb. & erw. Auflage, Verlag für Polizeiwissenschaften 2008, S. 30 ff.
- *Hunsicker*, Präventive Gewinnabschöpfung – Verunsicherung durch abweichende Rechtsprechung zur Sicherstellung und Verwertung von Bargeld, in: DIE POLIZEI 7-8/2006, S. 252 ff.

3. Bargeld ist eine Sache und damit tauglicher Gegenstand einer Sicherstellung.
4. Nach Überzeugung der Kammer kann es keinen vernünftigen Zweifel
   daran geben, dass der Kläger am 01.09.2000 die Absicht hatte, die sichergestellten 298 000 DM zum Kauf von Drogen in Enschede zu ver-
   wenden.
5. Wegen der steigenden Belastungen des Betroffenen (etwa in Form von
   Zinsverlusten) sind mit zunehmender Dauer der Sicherstellung von Bargeld tendenziell höhere Anforderungen an das Fortbestehen der gegenwärtigen Gefahr zu stellen.
6. Ein Schwebezustand (Nichtherausgabe des Geldes einerseits und Nicht-
   verwendung andererseits) würde faktisch – untechnisch gesprochen – zu
   einer entschädigungslosen Enteignung führen.

Quelle: *Hunsicker*, Präventive Gewinnabschöpfung (PräGe) – Entscheidungssammlung in Volltexten und mit Leitsätzen - Sammelband, 2., überarbeitete & erweiterte Auflage, GRIN Verlag 2008, 226 Seiten, S. 89 f.

4. Sicherstellung, Verwahrung, *Einziehung*, Verwertung und Herausgabe von Sachen nach den Gefahrenabwehrgesetzen

> ### Sicherstellung
> ### (z.B. § 26 Nds. SOG, vgl. z.B. Art. 25 PAG Bay., § 43 PolG NRW)
> Die Verwaltungsbehörden und die Polizei können eine Sache *einschließlich Bargeld* sicherstellen,
> 1. um eine gegenwärtige Gefahr abzuwehren oder
> 2. um die Eigentümerin oder den Eigentümer oder die Person, die rechtmäßig die tatsächliche Gewalt innehat, vor Verlust oder Beschädigung einer Sache zu schützen. ...

> ### Verwahrung
> ### (§ 27 Nds. SOG, vgl. z.B. Art. 26 PAG Bay., § 44 PolG NRW)
> (1) Sichergestellte Sachen sind in Verwahrung zu nehmen; *sichergestelltes Bargeld ist auf ein Verwahrkonto einzuzahlen.* ...

> ### Verwertung, *Einziehung*, Vernichtung
> ### (§ 28 Nds. SOG, vgl. z.B. Art. 27 PAG Bay., § 45 PolG NRW)
> (1) Die Verwertung einer sichergestellten Sache ist zulässig, wenn ...
> 4. sie nach einer **Frist von einem Jahr** nicht an eine berechtigte Person herausgegeben werden kann, ohne dass die Voraussetzungen der Sicherstellung erneut eintreten würden,
> (4) Sichergestellte (Verwahrte) Sachen dürfen (können) unbrauchbar gemacht, vernichtet *oder eingezogen werden*, wenn
> 1. im Falle einer Verwertung die Gründe, die zu ihrer Sicherstellung berechtigten, fortbestehen oder Sicherstellungsgründe erneut entstehen würden oder ...
> *Die Voraussetzungen nach Abs. 4 Nr. 1. gelten auch für die Einziehung von Bargeld.*

> ### Herausgabe sichergestellter Sachen oder des Erlöses, Kosten
> ### (§ 29 Nds. SOG, vgl. z.B. Art. 28 PAG Bay., § 46 PolG NRW)
> (2) Sind die Sachen verwertet worden, so ist der Erlös herauszugeben. Ist eine berechtigte Person nicht vorhanden oder nicht zu ermitteln, so ist der Erlös nach den Vorschriften des Bürgerlichen Gesetzbuches zu hinterlegen. Der Anspruch auf Herausgabe des Erlöses *oder des unmittelbar sichergestellten Bargeldes* erlischt drei Jahre nach Ablauf des Jahres, in dem die Sache verwertet *oder das Geld sichergestellt* worden ist. ...

Kursivschrift = wünschenswerte/erforderliche Ergänzungen

17

5. Anwendungsbereiche

Gegenstände (primär: „Eigentumsschutz")	Bargeld (primär: „Abwehr einer gegenwärtigen Gefahr"
• Diebstahl/Unterschlagung (dazu entsprechende VG-Entscheidungen) • Raub/Erpressung (z.B. „Abziehen" von Handys) • Begünstigung/Hehlerei (dazu entsprechende VG-Entscheidungen) • Betrug/Untreue (z.b. Warenkreditbetrug) • Kreditkartenkriminalität	• Illegaler Rauschgifthandel (dazu entsprechende VG-Entscheidungen) • Illegaler Zigarettenhandel (dazu entsprechende VG-Entscheidungen) • Enkeltrickbetrug (dazu entsprechende VG-Entscheidung) • Illegaler Waffen-/Kriegswaffenhandel • Menschenhandel und Zuhälterei • „Spendengelderpressungen" im Bereich „Polizeilicher Staatsschutz" • Unerlaubte Veranstaltung eines Glücksspiels und Beteiligung daran • Weiterhin: § 261 StGB (Geldwäsche; …)

Ultima Ratio

Die PräGe kommt nur subsidiär in Betracht, d.h., zunächst müssen alle Möglichkeiten der Sicherstellung / Beschlagnahme / Vermögensbeschlagnahme (§§ 94, 111b ff. StPO) sowie die der Einziehung / des Verfalls (§§ 73 ff. StGB) im Strafermittlungsverfahren geprüft und ausgeschöpft sein.

6.   Runderlass zur Präventiven Gewinnabschöpfung in Niedersachsen

Dieser Runderlass kann in seinen wesentlichen Punkten wie folgt zusammengefasst werden:

Gem. RdErl. MI u. MJ vom 16.11.2007:
Präventive Gewinnabschöpfung
(Nds. MBl. Nr. 50/2007, S. 1515 ff.)

- Sichergestellte/beschlagnahmte Sachen (Gegenstände, Bargeld), die von der beschuldigten Person offensichtlich nicht rechtmäßig erlangt worden sind, können keiner konkreten rechtswidrigen Tat zugeordnet werden.
- Voraussetzungen einer Beschlagnahme / Sicherstellung (§§ 94, 111b ff. StPO) bzw. Sicherstellung / Beschlagnahme oder Einziehung / Verfall (§§ 73 ff. StGB) liegen nicht (mehr) vor; beschuldigte Person verzichtet nicht auf die Rückgabe der Sachen.
- Grundsätzlich sachliche und örtliche Zuständigkeit der Gemeinden am Sitz der jeweiligen Staatsanwaltschaft = 11 Staatsanwaltschaften in Nds.); Eilzuständigkeit der Polizei besteht in der Regel nicht.
- Nur Sachen i.S.v. § 90 BGB (Gegenstände, Bargeld – kein Buchgeld).
- Bagatellgrenze in Höhe von 500,00 €.
- Akten von StA an Gemeinde – diese entscheidet über die Sicherstellung pp.
- Sichergestellte Sachen sind unverzüglich von der zuständigen Verwaltungsbehörde bei der bisherigen Verwahrstelle (Staatsanwaltschaft oder Polizei) abzuholen und in Verwahrung zu nehmen.
- Erlös bzw. sichergestelltes Bargeld sind nach BGB-Vorschriften zu hinterlegen.
- Eine Sicherstellung von Bargeld ist wenn möglich auf § 26 Nr. 1 Nds. SOG zu stützen („Abwehr einer gegenwärtigen Gefahr"), denn
  - Bargeld, das im Rahmen von Straftaten erlangt wird, gilt – sofern des nicht gestohlen wurde – als Eigentum der beschuldigten Person.
- Widerlegung der Eigentumsvermutung (Indiztatsachen, Erfahrungssätze – Umkehr der Beweislast).

7. Kritik

K r i t i k

Es gibt auch kritische – teils unsachliche – Stimmen:[2]

Beispiel: *Philipp Thiée*, Frankfurt a.M.

»Präventive Gewinnabschöpfung«:
Wenn Polizeibeamte Winkeladvokaten spielen

„Die Landesregierung teilt also mit, daß Bürgern, die aus polizeilicher Sicht generell als Kriminelle zu beurteilen sind, auch über Landesrecht Geld abgenommen werden kann."

oder

„Doch das polizeiliche Grundproblem ist nicht primär das Polizeirecht, sondern die prohibitive Drogenpolitik, die gehässigen Pedanten eine Spielwiese eröffnet, unter dem Deckmantel der Gefahrenabwehr anderen Bürgern ihr Geld wegzunehmen."

---

[2] *Thiée*, »Präventive Gewinnabschöpfung«: Wenn Polizeibeamte Winkeladvokaten spielen, in: StV 2/2009, S. 102 ff.; dazu *Hunsicker*, Präventive Gewinnabschöpfung (PräGe): Entgegnung auf Philipp Thiée in StV 2/2009, S. 102 ff., in: StV 4/2010, S. 212 ff. und *Thiée*, Polizeirechtliche Sicherstellung nach Freigabe gem. § 98 StPO – Erwiderung auf die Erwiderung, in: StV 4/2010, S. 215 ff.

8. § 983 BGB und Nr. 75 Abs. 4 RiStBV

Es ist zu prüfen, ob eine PräGe auch gemäß § 983 BGB[3] oder Nr. 75 Abs. 4 RiStBV[4] möglich erscheint. Ergebnis: eher nicht!

§ 983 BGB	RiStBV
• § 983 BGB: Unabbringbare Sachen bei Behörden (Überführungsstücke, Besitz einer Sache, Empfangsberechtigter oder dessen Aufenthalt unbekannt, dann Verfahren gem. §§ 929 bis 982 BGB) • §§ 929ff. gelten für bewegliche Sachen einschließlich Geld, siehe *Palandt*: Einführung vor § 929 BGB • § 979 BGB: Öffentliche Versteigerung (Kann-Bestimmung) • § 980 BGB: Vor Versteigerung öffentliche Bekanntmachung • § 981 BGB: Versteigerungserlös fällt nach Ablauf von 3 Jahren an den Fiskus, sofern kein Empfangsberechtigter Rechte angemeldet hat • § 982 BGB: Ausführungsvorschriften (Bekanntmachung) • **Ziel:** „Sicherung" der Sachen für Berechtigte	• Einführung: Die Richtlinien sind vornehmlich für den Staatsanwalt bestimmt. • Nr. 75 Abs. 4: Ergibt sich im Laufe der Ermittlungen **zweifelsfrei,** daß eine Sache unrechtmäßig in die Hand des letzten Gewahrsamsinhabers gekommen ist, läßt sich der Verletzte aber nicht ermitteln, so ist nach **§ 983 BGB** und den dazu erlassenen Vorschriften zu verfahren. • **Frage:** Warum bei der Beweislage „zweifelsfrei" nicht §§ 73 ff. StGB?

---

[3] Dazu *Waechter*, Präventive Gewinnabschöpfung, in NordÖR 11/2008, S. 473 ff., und *Hunsicker*, Replik auf die Abhandlung von Prof. Dr. Kay Waechter in NordÖR 11/2008, Seiten 473 ff., in: NordÖR 2/2009, S. 62 ff.

[4] Dazu näher *Hunsicker*, Bedeutung von Nr. 75 Abs. 4 RiStBV, in: *Hunsicker*, Präventive Gewinnabschöpfung (PräGe) in Theorie und Praxis – Sicherstellung, Verwahrung und Verwertung von Gegenständen und (Bar-)Geld aus Gründen der Gefahrenabwehr in Kooperation von Polizei, Staatsanwaltschaft und Kommune (Osnabrücker Modell), 3. überarb. & erw. Auflage, Verlag für Polizeiwissenschaften 2008, S. 73 ff., **und** *Hunsicker*, Präventive Gewinnabschöpfung, in: Kriminalistik 4/03, S. 234 ff. (236).

Zivilrecht: „Deliktische Vermögensveränderungen"

... Deswegen hat die sogenannte „präventive Gewinnabschöpfung" keinen über §
983 BGB hinausreichenden sinnvollen Anwendungsbereich. Eine vorläufige,
befristete Sicherstellung durch Besitzentziehung zwecks Eigentumsschutzes für
Dritte bzw. zur Abwehr gegenwärtiger Gefahren ist dagegen über das Polizeirecht
möglich. ...
So *Prof. Dr. Kay Waechter*, Präventive Gewinnabschöpfung, in: NordÖR 11/2008, S.
473 ff.

... Das bürgerliche Recht kann deliktische Vermögensveränderungen nur zum Teil
unterbinden, indem es verbotenen Rechtsgeschäften - etwa im Bereich des
illegalen Betäubungsmittelhandels - die zivilrechtliche Wirksamkeit untersagt (...).
Es verhindert nicht, dass ein Straftäter durch die Begehung rechtswidriger Taten
faktisch Vermögensvorteile erlangt, etwa Gewinne aus der Weiterveräußerung
von Drogen. ...
BVerfG, Beschluss v. 14.01.2004, Az. 2 BvR 564/95, Absatz 67 („Erweiterter Verfall -
§ 73d StGB - ist mit dem Grundgesetz vereinbar")

---

9. Verfassungsmäßigkeit der PräGe[5]

Verfassungsmäßigkeit der PräGe

Grundlage (als Orientierung):
Beschluss BVerfG, Az. 2 BvR 564/95, v. 14.01.2004 [„Erweiterter Verfall (§ 73d StGB) ist mit dem Grundgesetz vereinbar"]

Präventive Zielsetzung (BVerfG)

Eigentumsgarantie und - schranke (Art. 14 Abs. 1 GG)

Unschuldsvermutung (u.a. Art. 6 Abs. 2 EMRK) bzw. Schuldprinzip (Art. 1, 20 GG)

Verhältnismäßigkeitsgrundsatz (Art. 1 Abs. 3, Art. 20 Abs. 3 GG)

Bestimmtheitsgebot

---

[5] Dazu ausführlich *Hunsicker*, Verfassungsmäßigkeit der Präventiven Gewinnabschöpfung (PräGe) – Beurteilung der Verfassungsmäßigkeit unter Einbindung der BVerfG-Entscheidung zum erweiterten Verfall (§ 73d StGB) und der einschlägigen Rechtsprechung (PräGe), GRIN Verlag 2009, 35 Seiten.

10. Gesetz zur Stärkung der Rückgewinnungshilfe und der Vermögensabschöpfung bei Straftaten[6]

Gesetz zur Stärkung der Rückgewinnungshilfe und der Vermögensabschöpfung bei Straftaten vom 24.10.2006 (BGBl. I 49/2006, S. 2350)

- Kernstück: Auffangrechtserwerb des Staates.
- Die Geschädigten haben drei Jahre Zeit, ihre Ansprüche geltend zu machen.
  Ansprüche der Opfer haben grundsätzlich Vorrang gegenüber denen sonstiger Gläubiger.
- Ausgangspunkt bildet die Hauptverhandlung bzw. das Strafbefehlsverfahren.
- aber : Nur ca. 25 % aller Strafermittlungsverfahren enden mit einer Hauptverhandlung bzw. einem Strafbefehlsverfahren.
- Gefahrenabwehrrecht folglich nach wie vor Auffangrechtsgrundlage für die Sicherstellung usw. von Gegenständen und Bargeld.

---

[6] Ausführlich dazu: *Hunsicker*, Rückgewinnungshilfe und Vermögensabschöpfung bei Straftaten – Entwurf eines Gesetzes zur Stärkung dieser Instrumente, in: Kriminalistik 10/2006, S. 615 ff.

11.   Statistiken[7]

11.1   Abbildung 1: Fallzahlen nach Bundesländern ohne Niedersachsen

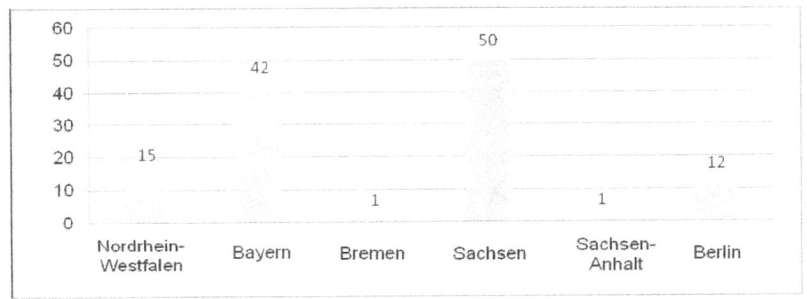

Stand: April 2011

Weitere Bundesländer (ohne Statistik), in denen die PräGe zur Anwendung kommt: Berlin, Schleswig-Holstein, Hamburg, Thüringen, Baden-Württemberg, Rheinland-Pfalz

11.2   Abbildung 2: Fallzahlen im Gesamtvergleich

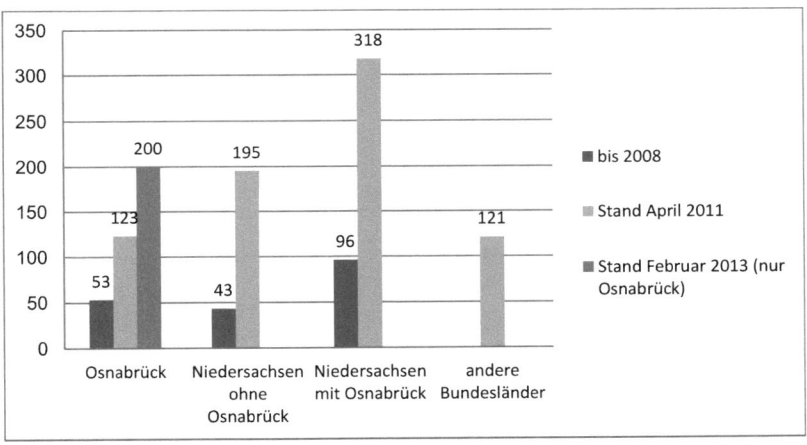

---

[7] *Hunsicker*, Präventive Gewinnabschöpfung – Eine Bilanz nach rund zehn Jahren, in: Kriminalistik 6/2013, S. 396 ff.

11.3 Abbildung 3: Fallzahlen im Vergleich – Land Niedersachsen

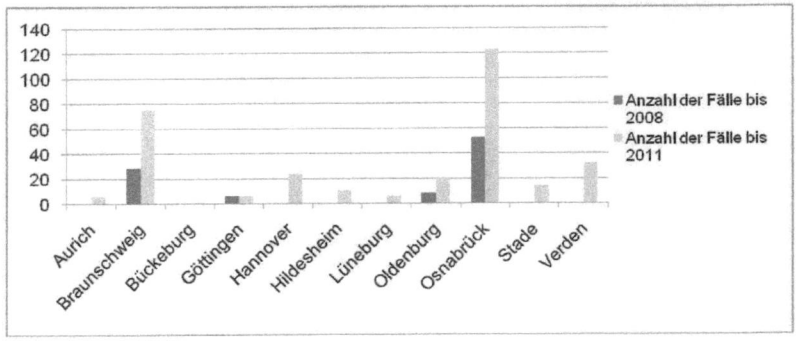

11.4 Abbildung 4: Sichergestelltes Gesamtvolumen in Euro

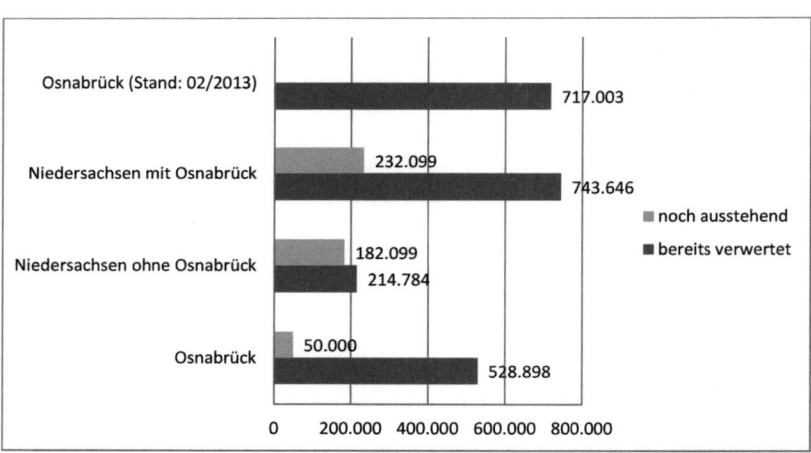

Stand: 04/2011

26

11.5   Abbildung 5: Fallzahlen, Klagen und aufhebende Entscheidungen

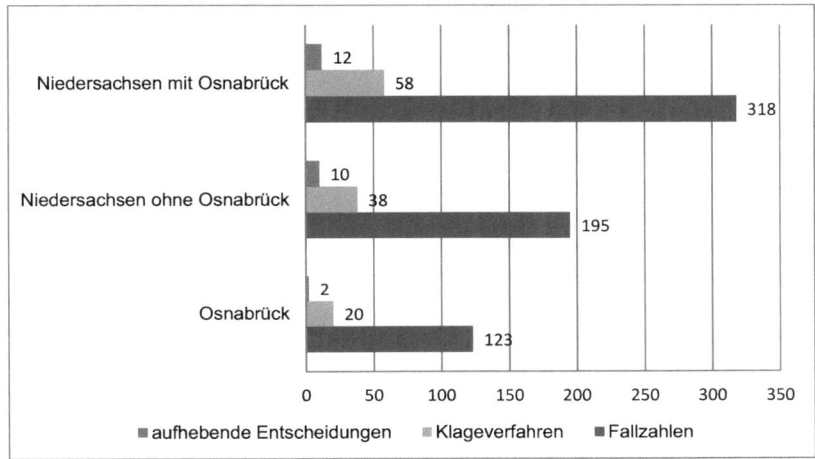

Stand: April 2011

Anhang

Autobiografien sowie Fach- und Sachbücher

von *Ernst Hunsicker*

Autobiografien

**Highlights: Authentische Polizei- und Kriminalgeschichten –
Von der Polizeischule (1962) bis zur Pensionierung (2004) und die Zeit danach –
2. Auflage**, GRIN Verlag (2011), 231 Seiten, 24,99 €* (Buch), 14,99 €* (eBook),

**Authentische Polizei- und Kriminalgeschichten –
Stationen und Situationen mit Bildern aus einem langen Berufsleben –
Teil 1 (1962 bis Mai 1988)**,
GRIN Verlag (2008), 136 Seiten, 27,99 €* (Buch), 17,99 €* (eBook),

**Authentische Polizei- und Kriminalgeschichten –
Stationen und Situationen mit Bildern aus einem langen Berufsleben –
Teil 2 (Juni 1988 bis 1996)**,
GRIN Verlag (2008), 184 Seiten, 27,99*€ (Buch), 17,99 €* (eBook),

**Authentische Polizei- und Kriminalgeschichten –
Stationen und Situationen mit Bildern aus einem langen Berufsleben –
Teil 3 (1997 bis 2004 und die Zeit danach)**,
GRIN Verlag (2009), 204 Seiten, 27,99 €* (Buch), 17,99 €* (eBook),

**Authentische Polizei- und Kriminalgeschichten –
Stationen und Situationen mit Bildern aus einem langen Berufsleben –
Teil 4 (Nachträge von 1962 bis 2009)**,
GRIN Verlag (2009), 53 Seiten, 9,99 €* (Buch), kostenlos (eBook), 0,99 €* (Druckversion eBook),

**Kindheits- und Jugenderinnerungen –
Ein Lebensabschnitt im exemplarischen Kontext mit historischen Ereignissen**,
GRIN Verlag (2011), 217 Seiten, 49,99 €* (Buch), 39,99 €* (eBook).

Geowissenschaften/Geographie – Fremdenverkehrsgeographie (Radfahren)

**Radfahren in der Region Osnabrück – Münster – Bielefeld – Gütersloh –
Illustrierte sowie kommentierte Erlebnisse und Beobachtungen**,
GRIN Verlag (2012), 205 Seiten, 24,99 €* (Buch), 14,99 €* (eBook),

Radtouren durch das Osnabrücker Land, das Münsterland und Ostwestfalen –
Illustrierte sowie kommentierte Erlebnisse und Beobachtungen unter Einbeziehung von Umweltschutzaspekten,
Diplomica Verlag (2014), 206 Seiten, 29,99 €*.

Monografien: Präventive Gewinnabschöpfung

Präventive Gewinnabschöpfung (PräGe) –
Entscheidungssammlung in Volltexten (Sammelband), **2. Auflage**, GRIN Verlag (2009), 226 Seiten, 24,99 €* (Buch), 14,99 €* (ebook),

**Verfassungsmäßigkeit der Präventiven Gewinnabschöpfung (PräGe) –
Beurteilung der Verfassungsmäßigkeit unter Einbindung der BVerfG-Entscheidung zum erweiterten Verfall (§ 73d StGB) und der einschlägigen Rechtsprechung (PräGe)**, GRIN Verlag (2009), 35 Seiten, 9,99 €* (Buch), 0 €* (ebook),

**Ländervergleich: Präventive Gewinnabschöpfung (PräGe) –
Rechtsgrundlagen, Rechtsprechung, Entwicklung und Stand in Deutschland –
Vergleichbare Rechtsgrundlagen in Österreich und in der Schweiz?**, GRIN Verlag (2009), 97 Seiten, 12,99 €* (Buch), 7,99 €* (ebook),

**Präventive Gewinnabschöpfung (PräGe) in Theorie und Praxis –
Sicherstellung, Verwahrung von Verwertung von Gegenständen und (Bar-)Geld aus Gründen der Gefahrenabwehr in Kooperation von Polizei, Staatsanwaltschaft und Kommune (Osnabrücker Modell) – Arbeitshilfe – , 3. Auflage,**Verlag für Polizeiwissenschaft (2008), 175 Seiten, 14,90 €*.

Kriminologie, Kriminalistik und Kriminalitätskontrolle

**Kriminologische Regionalanalysen in der Stadt Osnabrück für die Jahre 1996/97, 2002/03 und 2007/08 –
Problemkreise, Lösungsansätze, Umsetzungen und Wirkungen als Grundlagen für den Förderpreis der „Stiftung Kriminalprävention" (Städtepreis 2009)**, GRIN Verlag (2010), 129 Seiten, 14,99 €* (Buch), 9,99 €* (ebook),

**Kriminalitätskontrolle am Beispiel der Stadt Osnabrück –
oder: Ein beruflicher Lebensabschnitt für Prävention und Repression (1988 bis 2004)**, GRIN Verlag (2011), 255 Seiten, 29,99 €* (Buch), 19,99 €* (ebook),

**Bevölkerungs- und Kriminalitätsentwicklung für die Zeiträume zwischen 1960 und 2060 –
Retrograde Erfassung und Auswertung, Prognosen sowie „statistische Tendenzen" für Deutschland, die Bundesländer Bayern, Brandenburg, Niedersachsen und Sachsen-Anhalt, die Millionenstädte Berlin, Hamburg und Köln**, Wissenschaftliche Studie, GRIN Verlag (2013), 237 Seiten, 44,99 €* (Buch), 34,99 €* (ebook),

Entwicklung der Bevölkerung und der Kriminalität von 1960 bis 2060 für Deutschland, ausgewählte Bundesländer und Millionenstädte –
Retrograde Erfassung und Auswertung, Prognosen sowie „statistische Tendenzen", Diplomica Verlag (2014), 232 Seiten, 44,99 €*,

Schengener Abkommen (1985), Schengener Durchführungsübereinkommen (1990) und Schengen-Reform (2013) –
Ausgegrenzt durch Grenzkontrollen? GRIN Verlag (2013), 27 Seiten, 12,99 €* (Buch), 9,99 €* (eBook).

Wissenschaft / Technik

Kooperation zwischen der MEYER WERFT (Papenburg) und den Betreibern der Magnetschwebebahn Transrapid (Lathen/Dörpen) –
Visionäre Gedankenspiele oder blanke Utopie?, GRIN Verlag (2012), 71 Seiten, 14,99 €* (Buch), 9,99 €* (eBook).

Politik

Geheim- und Nachrichtendienste aus dem In- und Ausland in der Kritik –
Erhebung, Fakten, Stellungnahmen und Bewertungen, GRIN Verlag (2014), 87 Seiten, 24,99 €* (Buch), 14,99 €* (eBook).

Fachbücher

mit *Ernst Hunsicker*

Das ressortübergreifende Präventionsmodell Osnabrück –
Initiativfunktion von Seiten der Polizei (Seiten 189 ff.),
in: VEREINT GEGEN KRIMINALITÄT – Wege der kommunalen Kriminalprävention in Deutschland, *Edwin Kube/Hans Schneider/Jürgen Stock* (Hrsg.),
Verlag Schmidt-Römhild (1996), 331 Seiten, 10,00 €*,

Führung von V-Personen (Verdeckte Ermittlungsmaßnahmen – VEM 4),
in: KRIMINALISTEN-FACHBUCH (KFB) – Kriminalistische Kompetenz, 16 Seiten, Verlag Schmidt-Römhild, erscheint überarbeitet/aktualisiert als KFB-App (über BDK Shop für BDK-Mitglieder, App Store Apple, Google Play),

Kriminologische Regionalanalyse Osnabrück 1996/97 zum Thema „Mehr Sicherheit für uns in Osnabrück",
Print & Media Center Wallenhorst, 250 Seiten (ohne Anlagen), zusammen mit *Bernhard Bruns, Martin Oevermann* und *Martin Ratermann* (Auflage vergriffen),

**Bürgerbefragungen zur subjektiven Sicherheit in Osnabrück –
oder: Ertrag und Wirkung von (kommunaler) Kriminalprävention** (Seiten 127 ff.),
in: Angewandte Kriminologie und Kriminalprävention;
Entwicklungen, Sachstand und Perspektiven,
Festschrift für *Dr. Joachim Jäger* zum 65. Geburtstag,
Schriftenreihe der Polizei-Führungs-Akademie,
Sächsisches Druck- und Verlagshaus AG (2003), 176 Seiten,

Entwicklung der kommunalen Kriminalprävention in Osnabrück seit 1989 (Seiten
945-961), in: Kriminalpolitik und ihre wissenschaftlichen Grundlagen – Festschrift für
Professor Dr. Hans-Dieter Schwind zum 70. Geburtstag,
Thomas Feltes, Christian Pfeiffer, Gernot Steinhilper (Hrsg.),
C.F. Müller, Verlagsgruppe Hüthig Jehle Rehm GmbH (2006), 1.204 Seiten, 298,00 €*,

Kriminologische Regionalanalyse Osnabrück 2007/08 zum Thema „**Sicherheit und
soziales Leben in Osnabrück**", 165 Seiten (ohne Anlagen), zusammen mit *Martin
Oevermann, Manfred Rolfes, Wolfgang Wellmann, Wolfgang Zimmerer* und *Oliver Voges*, 15,00 €*.

---

*Die Bücher unterliegen der Preisbindung, sodass Preisänderungen möglich sind.

Berufliche Vita des Verfassers in Kurzform

Kriminaldirektor a.D. *Ernst Hunsicker* (Jahrgang 1944) trat 1962 in den Polizeivollzugsdienst des Landes Niedersachsen ein.

 Nach der Grundausbildung und der Verwendung in der Bereitschaftspolizei wurde er 1965 zum Polizeiabschnitt Lingen/Ems versetzt, wo er im SOV-Dienst (Sicherheit, Ordnung, Verkehr) eingesetzt war.

1967 wurde *Hunsicker* zur Landeskriminalpolizeistelle Osnabrück versetzt, wo er in verschiedenen Dienstbereichen (Sachbearbeiter Wirtschaftskriminalität/Betrug/ Fälschungen, Wachgruppenleiter im Kriminaldauerdienst, Mitglied der 1. Mordkommission) tätig war.

Von 1972 bis 1975 erfolgte seine Ausbildung für den gehobenen Polizeivollzugsdienst der Kriminalpolizei. Danach bis 1979 Verwendung als Führungsgehilfe K 1 beim Leiter der Kriminalpolizei im (ehemaligen) Regierungsbezirk Osnabrück, Leiter des 3. Fachkommissariats (Wirtschaftskriminalität/Betrug/Fälschungen) in Lingen/Ems und Fachlehrer an der Landespolizeischule Hann. Münden in Kommissarslehrgängen.

Daran schloss sich das Studium für den höheren Polizeivollzugsdienst der Kriminalpolizei an (1979 bis 1981).

Im Anschluss fand *Hunsicker* Verwendung als Fachlehrer an der Landespolizeischule Hann. Münden (bis 1982), stellvertretender Ausbildungsstättenleiter in Bad Iburg/LK Osnabrück (bis 1988), stellvertretender Leiter der Kriminalpolizeiinspektion Osnabrück (bis 1993) und Leiter der Kriminalpolizeiinspektion Lingen/Ems (bis 1994).

Von 1994 bis zu seiner Pensionierung mit Ablauf des Monats Februar 2004 leitete er den Zentralen Kriminaldienst bei der Polizeiinspektion (Z) Osnabrück-Stadt und war in Personalunion stellvertretender Inspektionsleiter.

Hunsicker hat sich in zahlreichen Veröffentlichungen mit der Kriminalitätsverfolgung und -verhütung, dem – auch kundenorientierten – Einsatz der Polizei und dem polizeilich relevanten Recht befasst.

Homepage: http://ernsthunsicker.de
Kontakt: ernst-hunsicker@t-online.de